Christa Spilling-Nöker
Ich schenke dir ein gutes Wort

topos taschenbücher, Band 1012
Eine Produktion des Matthias Grünewald Verlags

Christa Spilling-Nöker

Ich schenke dir ein gutes Wort

Ermutigungen und Segensworte

topos taschenbücher

verlagsgemeinschaft topos plus
Butzon & Bercker, Kevelaer
Don Bosco, München
Echter, Würzburg
Lahn-Verlag, Kevelaer
Matthias Grünewald Verlag, Ostfildern
Paulusverlag, Freiburg (Schweiz)
Verlag Friedrich Pustet, Regensburg
Tyrolia, Innsbruck

**Eine Initiative der
Verlagsgruppe engagement**

www.topos-taschenbuecher.de

Bibliografische Information der Deutschen Nationalbibliothek
Die Deutsche Nationalbibliothek verzeichnet diese Publikation in der
Deutschen Nationalbibliografie; detaillierte bibliografische Daten
sind im Internet über http://dnb.d-nb.de abrufbar.

ISBN 978-3-8367-1012-1
E-Book (PDF): 978-3-8367-5005-9
E-Pub: 978-3-8367-6005-8

2015 Verlagsgemeinschaft topos plus, Kevelaer
Das © und die inhaltliche Verantwortung liegen beim
Matthias Grünewald Verlag, Ostfildern
Umschlagabbildung: www.photocase.de / suschaa
Einband- und Reihengestaltung: Finken & Bumiller, Stuttgart
Herstellung: Friedrich Pustet, Regensburg
Printed in Germany

Gute Worte für den Tag

Ich will für dich
zum Engel werden
mit einem guten Wort,
das hier und dort
dein Herz berührt,
das deine Schritte
voller Liebe lenkt
und dir schon hier
auf dieser Erde
ein Stück vom Himmel
schenkt.

Den Tag annehmen

Ein neuer Tag
liegt vor dir,
ein neues Stück Leben
breitet sich
in dir aus.

Ergreife die
vielfältigen Möglichkeiten,
die dir entgegenkommen,
fülle die Stunden
mit deiner Lust,
entfalte
deine Begabungen
und spiele
mit deinen Fantasien
und du wirst
leuchten und
lieben und
leben.

Jeder Tag
mit all seinen Herausforderungen,
seinen Aufgaben und Pflichten
liegt vor dir
wie ein Berg,
den du mit Mühe erklimmen
und überwinden musst.
Versäume nicht,
auf dem Gipfel auszuruhen,
um die Aussicht
und die Schönheit der Welt
in dich aufzunehmen
und darin den Lohn
aller Mühe auszukosten.
Genieße auch die Ruhe
am Abend im Tal
und freue dich an dem,
was du an diesem Tag
bewältigt hast
und was dir dabei
gelungen ist.

Nur noch funktionieren

Morgens, wenn der Wecker
mich aus der Geborgenheit
des Schlafes reißt,
überfällt mich immer wieder
aufs Neue die Angst:
Werde ich den vor mir liegenden Tag
bestehen können
und den Herausforderungen,
die er an mich stellt,
gewachsen sein?
Wird meine Seele lebendig sein
bei allem, was ich tue –
oder werden wieder einmal
Stunden meines Lebens verrinnen,
in denen ich gut funktioniere,
aber nicht das Gefühl habe,
lebendig zu sein – wie schon so oft?
Tötet nicht schon allein die Angst,
die mir im Herzen sitzt,
jede Lebendigkeit ab in mir,
sodass der Tag schon verloren ist,
bevor er richtig begonnen hat?
Oh, möchte sich doch meine Seele öffnen
und mögen mir Lebenskräfte zuströmen,
die mich aus der Tiefe heraus spüren lassen:
Es ist gut, dass ich bin.

Fürchte dich nicht

Fürchte dich nicht
vor dem kommenden Tag,
dem du dich nicht gewachsen fühlst,
und vor den Aufgaben,
die dich zu verschlingen drohen.

Fürchte dich nicht
vor den Menschen,
die anders sind als du
und die sich ein Bild
von dir gemacht haben,
das deiner Wirklichkeit nicht entspricht.

Fürchte dich nicht
vor dir selbst
und vor all dem Dunklen
und Ungewissen in dir,
das dir manchmal so bedrohlich ist.

Fürchte dich nicht,
sondern vertraue auf die Liebe.
Die Liebe ist stärker als alle Ängste
und mächtiger als alle Tode
dieser Welt.
Wenn du einem Menschen,
vor dem du Angst hast,
in Liebe begegnest,
wirst du auch an ihm etwas finden,
das dir liebenswürdig erscheint,

so wie die Liebe
zu den Abgründen deiner eigenen Seele
dich zu deiner Tiefe und damit auch zur Mitte
deines Wesens und deines Lebens führen kann.
Darum:
Fürchte dich nicht.

Dem Dunklen in dir
die Gelegenheit verwehren,
in das Licht des Morgens
aufzusteigen.
Aufstehen, trotz allem,
was bleischwer niederdrückt,
und den Aufstand wagen
gegen die zähe
und lähmende Kraft.
Der Tag ist zu kostbar,
um ihn an die Nacht
zu verlieren.

Ich wünsche dir,
dass das Glück
in dir Wurzeln schlägt
und die Freude dich
zu gespannter Erwartung
auf die Überraschungen
des Lebens hinbewegt.

Ich wünsche dir,
dass fröhliche Lieder in dir
deine Lebendigkeit
zum Klingen bringen
und tanzend
neue Kreise ziehen.

Ich wünsche dir,
dass sich die Zuversicht
hell wie das Morgenlicht
auf deinen Wegen
ausbreitet
und dich beschwingt
der Zukunft
entgegenblicken lässt.

Ich wünsche dir,
dass du deinen Tag
lächelnd beginnen kannst,
in froher Erwartung
all der vielfältigen Aufgaben,
die auf dich warten,
und all der Begegnungen,
die dir geschenkt werden;
dass du aber auch die nötige Geduld hast,
das zu ertragen,
was dir lästig ist
oder was dir überflüssig erscheint.

Ich wünsche dir,
dass du auf all deinen Wegen
und bei all deinen Werken behütet bist;
dass dich ein Engel umgibt,
der dich vor allen Gefahren beschützt
und dich bewahrt
vor einem Übermaß
an Schmerz und Schuld,
das über deine Kräfte geht.

Ich wünsche dir,
dass du die Anforderungen,
die Aufgaben und Menschen an dich stellen,
nicht als Einengung erlebst,
sondern in Gespräch
und Auseinandersetzung mit ihnen
deine eigene Freiheit erfährst,
eine Freiheit,

die nicht lösgelöst ist von Bindungen,
sondern die gerade in Bindungen
und Beziehungen entsteht.

Ich wünsche dir,
dass du deinen Tag
in Frieden beenden kannst:
in Frieden mit den Menschen,
die dir wichtig sind
und denen du etwas bedeutest,
und in Frieden
und tiefem Einverständnis
mit dir selbst.

Ich wünsche dir,
dass dir die Nacht Ruhe schenkt,
dass du dich in den Schlaf
sinken lassen kannst
und dass friedliche Träume
ihre Bilder aufsteigen lassen
in deiner Seele
und dir neue Kräfte zuströmen
für den kommenden Tag.

Den Tag bestehen

Jeden Tag ist es das Gleiche:
Ich stehe auf, gehe ins Bad
und frühstücke lustlos vor mich hin.
Dann mache ich mich auf den Weg zur Arbeit
und komme am Abend müde
und ausgelaugt wieder heim.
Im Stillen hoffe ich,
dass wenigstens das Fernsehprogramm
ein wenig farbige Abwechslung
in mein tristes Dasein flimmern lässt.
Doch viel mehr wünsche ich mir,
aus diesen lähmenden Gewohnheiten
eines Tages ausbrechen zu können,
um endlich etwas von dem zu ahnen und zu spüren,
was Leben eigentlich sein kann
und ist.

Liebe Leserin, lieber Leser,

vielen Dank, dass Sie dieses Buch gekauft haben. Gerne informieren wir Sie regelmäßig über unser Programm. Schicken Sie uns einfach die ausgefüllte Karte zurück oder senden Sie diese als Fax. Sie erhalten dann die neuesten Informationen zu unserem Programm per Post bzw. per E-Mail.

○ Senden Sie mir bitte Ihren Neuheitenprospekt
   ○ einmalig   ○ regelmäßig
○ Informieren Sie mich bitte per E-Mail über Ihre Neuerscheinungen

Datum, Unterschrift

Bitte per Post senden oder als Fax: 0 28 32/929-139

Vorname, Name

Straße, Hausnummer

PLZ, Ort

E-Mail

Beruf

Porto zahlt Empfänger

Deutsche Post
ANTWORT

Topos Taschenbücher
Herrn Dr. Berthold Weckmann
Hoogeweg 100
47623 Kevelaer
Deutschland

kunftig noch besser zu berücksichtigen. Dazu beantworten Sie uns bitte folgende Fragen. Als kleines Dankeschön verlosen wir unter allen Einsendern viermal im Jahr ein Buchpaket mit 10 frei auswählbaren Büchern.

Diese Karte habe ich dem Buch entnommen:

○ Topos Premium
○ Geschenk
○ Lebenswissen – Lebenssinn
○ Spiritualität
○ Sachbuch
○ Biografien

Ich bin auf dieses Buch aufmerksam geworden durch:

○ Prospekt
○ Anzeige in _____
○ Buchbesprechung in _____
○ Empfehlung von Freunden/Bekannten/Kollegen
○ Homepage des Verlags
○ Internet allgemein
○ Buchhandlung
○ Ich habe das Buch geschenkt bekommen

Zu diesem Thema sollte Topos Taschenbücher ein Buch in sein Programm aufnehmen:

○ _____

Weitere Anmerkungen:

Wie hat Ihnen das Buch gefallen?

○ sehr gut   ○ gut   ○ mittelmäßig   ○ gar nicht

Lebendig werden

Manchmal fühle ich mich
wie ein ausgetrockneter Bach,
ein Flussbett mit Steinen,
ohne Wasser und
ohne Leben.
Dann aber beginnt die Quelle
neu zu fließen.
Ohne Leistung,
ohne Zutun
wird neue Lebendigkeit,
neues Wachstum
geschenkt.
Darauf kann ich vertrauen.
Auch nach Jahren der Dürre
kann neues Wasser
hervorbrechen,
Leben sich vertiefen,
Liebe sich verströmen.

Sorge dich nicht so viel
und fürchte dich nicht heute
schon vor dem, was der morgige Tag
vielleicht an Unruhe und Last
mit sich bringt.

Wenn du den täglichen Sorgen,
Ängsten und Lustlosigkeiten
Macht gibst,
verlierst du den Blick
für all das Schöne,
das du heute erleben kannst.

Öffne dich den Augenblicken,
die dich froh stimmen,
die dich lächeln lassen
und dich lebendig machen.

Schaffe dir jeden Tag Raum für etwas,
das du gern tust und das dir gut tut,
und sorge damit immer wieder
für dich selbst.

Gegen die Kraft,
die dir aus der Freude zuströmt,
verliert die Angst
ihre Macht.

Verschwende deine Zeit nicht
mit dem Grübeln über das,
was du sowieso nicht ändern kannst.
Lass deine Fantasie und deine Kräfte
in die Probleme und Aufgaben strömen,
von denen du glaubst,
dass du sie angehen
und dadurch dich selbst und dein Leben
erneuern kannst.
Und versäume nicht, zwischen all dem,
was dich belastet und bedroht,
die Freude zu entdecken,
die im Verborgenen wartet
auf dich!

Nicht sysiphusgleich
die tägliche Last
als sinnlose Qual erdulden,
stattdessen den Stein,
den es immer wieder
zu tragen gilt, bearbeiten,
ihn prägen
durch deine Fantasie
und deine lebendige Kraft.
Was du persönlich gestaltet hast,
verwandelt
das gleichförmig Alltägliche
hin zu einmaliger Schönheit
und dadurch zu
erfahrbarem Glück.

Lass dich nicht
zum Narren machen
von Arbeit und Pflicht.
Die Liebe,
die du heute verschenkst,
bringt mehr Frucht
als deine Bankguthaben
jemals an Zinsen.

Ich wünsche dir,
dass du dich von dem Druck befreien kannst,
nach außen immer etwas »Besonderes«
darstellen zu müssen,
dass du unabhängig bist von dem,
was andere über dich denken und reden,
und es deshalb nicht nötig hast,
dich selbst zu belügen und dich
an den Lügengespinsten um dich herum
zu beteiligen
weder am Arbeitsplatz noch in der Familie
oder wo immer du sonst
mit Menschen zusammenkommst.

Vielmehr wünsche ich dir immer wieder
den Mut des Kindes,
die Wahrheit beim Namen zu nennen,
weil die Befreiung aus der Selbsttäuschung
und Verlogenheit
das Herz erleichtert und
den Umgang
mit dir selbst und anderen
offener und ehrlicher
und dadurch auch
unbefangener und
unverkrampfter
werden lässt.

Ich wünsche dir, dass du
zu deinen Gefühlen stehen kannst
und anderen Menschen gegenüber
frei heraus zu sagen wagst,
wie es dir ums Herz ist.

Ich wünsche dir, dass du gelegentlich
ein Wort des Zorns riskieren kannst,
ohne dass daran eine Beziehung zerbricht,
dass aber deine Worte der Liebe,
von einem Wärmestrom getragen werden,
der anderen ein Stück Himmel öffnet.

Ich wünsche dir,
dass du immer wieder
Menschen begegnest,
die offen und ehrlich zu dir sind,
Menschen, denen du so wichtig bist,
dass sie dir auch gelegentlich
mit einem kritischen Wort helfen,
deine bisherige Denkweise
in einem neuen Licht zu sehen,
damit sich dein Leben
nach innen vertiefen
und nach außen weiten kann.

Ich wünsche dir,
dass du dann und wann
einem Menschen begegnest,
der dich durch seine Augen
in seine Seele eintreten lässt,
dem du dich vertraut fühlst
vom Augenblick der Begegnung an,
der dich in deiner Tiefe berührt
und das lähmende Gleichmaß
deiner Alltäglichkeiten
in eine sprudelnde Quelle
verwandelt,
aus der heraus du
neues Leben schöpfst.
Ich wünsche dir,
dass du in seiner Nähe
Geborgenheit erfährst
und dass dir seine Liebe
ein Zuhause gibt.

Den Tag beenden

Die Unruhe
ist mir ein ständiger Begleiter.
Kaum habe ich eine Sache
zu Ende bringen können,
so breitet sich der nächste Plan
schon wieder in mir aus,
doch ohne dass ich auch nur
für einen einzigen Augenblick
befreit aufatmen
und meiner Seele eine Pause
und wohlverdiente Ruhe
gönnen kann.
Nichts wünschte ich mir mehr,
als dann und wann
dem Teufelskreis von Pflicht
und Arbeit zu entrinnen,
um einen Feier-Abend auch
als solchen wirklich zu begehen.

Ausatmen

Wenn der Abend kommt
und die Stille sich
über das Land senkt,
dann nimm dir Zeit
für dich selbst:

Atme die Unruhe
des vergangenen Tages aus
und schicke deine Sorgen
und alles, was dir Angst macht,
empor zu den Sternen,
die dich vom Himmel her
mit leisem Glänzen grüßen.

Atme das Schweigen
der Bäume ein
und fülle dich
Atemzug um Atemzug
mit der Ruhe
der Nacht,
bis deine Seele
Frieden
gefunden hat.

Wieder liegt ein Tag
und damit auch ein Stück
meines Lebens
hinter mir.
Angst hat mich umgetrieben,
ob ich die Aufgaben,
die mir abverlangt wurden,
überhaupt erfüllen könnte.
Viele meiner Erwartungen
an andere und an mich selbst
wurden enttäuscht.
Ausgelaugt fühle ich mich
und leer.
Ich fürchte mich davor,
dass die Resignation
über all die Enttäuschungen
Spuren in mir hinterlässt,
die unauslöschlich sind.
Hilf mir, Gott,
dass meine Kräfte
sich wieder sammeln,
dass die Zuversicht
in mir wieder an Boden gewinnt
und dass mein Wirken
eines Tages wieder Früchte trägt.

Werde still
und finde heim
zu dir selbst.
Verzehre deine Kräfte nicht
im Lärm der Welt.
Es ist gut,
wenn du deine Arbeit tust,
deine Aufgaben und Pflichten erfüllst –
und es ist wichtig, dass du das gern tust.

Aber gehe nicht auf in dem,
was draußen ist,
sondern nimm dich immer wieder zurück.
Sammle deine Gedanken,
versenke dich in deine eigene Tiefe
und suche nach der Mitte deines Wesens
und deines Lebens.
Von dieser Mitte her
wirst du den Maßstab finden
für das, was wirklich wichtig ist
für die Erfüllung,
für die Ganzheit deines Lebens.

Endlich geht wieder
ein mühevoller Tag
seinem Ende entgegen.
Wie viele gute Gedanken
hatte ich noch in der Frühe,
als sich der neue Morgen
leicht vor mir auftat,
und wie wenig ist geblieben
von all meinen lebendigen
und bunten Einfällen
und meiner lustvollen Kraft.
Meine Enttäuschungen
möchte ich ausweinen,
um sie nicht noch morgen
im Herzen tragen zu müssen.
Leicht möchte ich innerlich werden,
wenigstens für den Schlaf
und den Traum.

Fürchte dich nicht
vor den dunklen Stunden,
denn auf jede Nacht
folgt ein Tag.

So wie uns die Nacht hilft,
neue Kräfte zu sammeln für das,
was uns am kommenden Tag
abverlangt wird,
so können wir auch hoffen,
dass unsere Traurigkeiten
ein Rückzug unserer Seele sind,
um in der Stille
neuen Lebensmut wachsen
und aufbrechen zu lassen,
dem Licht eines neuen Morgens
entgegen.

Mach die Tore
deiner Seele weit
und öffne die Tür
zu deinem Herzen,
dass die heilenden Kräfte
dich durchströmen
und sich in dir
ausbreiten können.

Breite in dir
die Zweige der Hoffnung aus,
dass der Friede
in dich einziehen kann
und deine umherirrende Seele
zur Ruhe kommt.

Ich wünsche dir,
dass dich in der Nacht
ein Engel leise berührt,
dass er helle Bilder
in deine Träume senkt
und dich mit den
Quellen des Lichts
in deiner Seele
in Berührung bringt,
damit die Zukunft
dir mit Freude
und Frieden
entgegenströmt.

Gute Worte für das Jahr

Ich wünsche dir
ein gesegnetes Jahr,
Zeiten, in denen du erfüllende
und bereichernde Erfahrungen machst,
Augenblicke des Glücks,
die deine Seele aufjauchzen lassen
vor Freude,
weil dir ein Stern vom Himmel fällt
und die verborgenen Träume der Nacht
am Tage zum Leben
erwachen.

In den Jahreszeiten leben

Könnte ja sein,
dass noch nicht
alle Hoffnungen
ausgeträumt sind
und der Frühling
doch wieder
das brachliegende Land
durchbricht.

Könnte ja sein,
dass die Zukunft
doch noch
dann und wann
eine Überraschung
für dich bereithält
und das Leben
nach der langen Nacht
dich dir selbst
verwandelt zurückgibt.

Könnte ja sein ...

Frühling

Jetzt endlich will
nach vielen kalten Wintertagen
das Frühjahr sich
mit milden Winden
wieder zeigen.
Was aufbricht jetzt
an jungen Knospen,
frischen Zweigen,
will auch dein Herz berühren,
will dich spüren lassen,
dass auch in deiner Seele
neues Leben keimt.

Auch ein
beschnittener Baum
kann neue Triebe
hervorbringen,
kann wachsen,
blühen
und Frucht bringen
und endlich
zu seiner eigenen Gestalt
finden,
wenn man ihn lässt.

Ich wünsche dir,
dass du wirst wie ein Baum,
der tief sich gründen
und Wurzeln schlagen kann,
der aus dem Mutterboden
seine Lebenskraft empfängt.

Ich wünsche dir,
dass du wirst wie ein Baum,
der sich aufrichtet
und dem Himmel öffnet,
der in des Geistes Weite
Orientierung finden kann.

Ich wünsche dir,
dass du wirst wie ein Baum,
der sich dem Jahreszeitenwechsel
seines Lebens nicht entzieht,
der blüht und Frucht bringt
und auch nach Wintereinsamkeit
wieder neue Knospen treibt.

Sommer

Ich wünsche dir,
dass die Farbenpracht
blühender Blumen und Bäume
die Farbigkeit deiner Seele
neu belebt
und das Singen eines Vogels
in der Stille des Waldes
dich wieder neu aufhorchen lässt.
Der Duft frischer Erde,
süß riechender Blumen
und reifer Früchte
möge dich betören
und der Geschmack des Salzes,
den der Wind vom Meer her
auf deine Zunge trägt,
mögen in einem Hauch von Fernweh
versunkene Sehnsüchte in dir
wieder neu aufsteigen lassen.

Ich wünsche dir,
dass du in solchem Leben
mit wachen Sinnen erfährst,
dass Lebenslust dein Herz bewegt
und deine Zärtlichkeit
dich und den geliebten Menschen
glücklich macht.

Sei wie Feuer:
glühend in Lust und Liebe,
brennend für neue Ideen,
lodernd in den Flammen von Fantasie
und Leidenschaft!

Sei wie Wasser:
klar und tief in den Gefühlen und Gedanken,
wild strudelnd vor Lebendigkeit,
überströmend in Freundschaft und Liebe!

Sei wie Luft:
leicht und frei für das Spiel der Träume,
durchlässig für das Licht eines neuen Morgens,
kraftvoller Atem, der lebendig macht!

Sei wie Erde:
fest und sicher für die Schritte deiner
Entscheidungen und Ziele,
fruchtbar für das Aufkeimen neuer Hoffnungen
und das Aufblühen von Erfüllung und Glück!

An einem hellen Sommertag
einen Weg gehen,
hinaus in den Wald,
einen Baum umarmen,
die rissige Rinde
unter den Händen spüren
und den schweren Geruch
nach Holz und Harz,
nach Erde und Laub
tief einatmen.
Die Stille auskosten,
nur Sonne und Wind
auf bloßer Haut,
und den weißen Wolken
nachträumen
auf ihrem Flug über den Himmel.
Der Stimme des Freundes
lauschen
und das Herz
von seinen wohlmeinenden Worten
berühren lassen.
Einen Händedruck erwidern dürfen,
Begegnung hautnah
vom Ich zum Du,
versunken im
Spiel der Zärtlichkeit,
umwärmt und geborgen
in den Armen der Liebe:
Augenblicke
der Ewigkeit
inmitten der Zeit.

Herbst

Eines Tages
die sonnigen Zeiten
des Sommers freigeben
und dich der Melancholie
des Herbstes überlassen.
In aller Wehmut
ahnst du doch,
dass jeder Abschied reift
zum Neubeginn.

Winter

Koste die Stille
des Winters aus:
Auch die entlaubten Bäume bergen,
mit Rauhreif überzogen,
einen geheimnisvollen
und wundersamen Reiz in sich.

Koste die Stille
des Winters aus:
Auch die schützende Wärme daheim
und die Ruhe im Zimmer
laden dich heute ein
zum Träumen von Frieden und Glück.

Manchmal
sind es die Träume,
die dich überwintern lassen,
die dich in der Zeit
abgestorbener Liebe
und erfrorener Hoffnung
in zarten Bildern ahnen lassen,
dass kahle Zweige
morgen wieder
Knospen treiben.

Freie Zeit genießen

Nach einer anstrengenden Zeit,
die dich mit deiner ganzen Person gefordert
und all deine Kräfte beansprucht hat,
darfst du es dir mit gutem Gewissen gönnen,
dich einmal in den Tag hineinfallen zu lassen
und eine Weile einfach nur faul zu sein.
Die erschöpften Kräfte danken es dir,
wenn du ihnen eine schöpferische Pause gönnst.

Abstand gewinnen
von den Alltäglichkeiten,
Rückzug suchen
auf der Insel der Stille
und in dem
abgeschiedenen Raum
der Gefühle.
In der Begegnung
mit deiner eigenen Wahrheit
ahnst du den Lichtschein
einer anderen Welt.

Einen Tag in der Woche freihalten

Einen Tag in der Woche
freihalten
von Arbeit und Pflicht,
um das Geschenk des Lebens zu feiern
voller Freude und Glück.

Einen Tag in der Woche
nicht erschöpft vor dem Fernseher sitzen,
sondern den eigenen schöpferischen Kräften
Spielraum gewähren
zur Entfaltung seiner selbst.

Einen Tag in der Woche
sich nicht zerstreuen müssen,
sondern sich sammeln dürfen
um in Ruhe bedenken zu können,
was war und was ist und was wird.

Einen Tag in der Woche
nicht unter dem Zwang von
Aufgaben stehen,
sondern sich hingeben dürfen
von Augenblick zu Augenblick
in Liebe und Lebenslust.

Einen Tag in der Woche
nicht atemlos herumhetzen müssen,
sondern aufatmen können,
um die Seele zu weiten
und sich selbst zu entdecken
Schritt für Schritt.

Einen Tag in der Woche
der tickenden Uhr einen Streich spielen,
sich der Tyrannei ihrer Zeiger entziehen
und sich Zeit schenken
für das Gespräch und das Schweigen,
für den Spaß und das Spiel.

Einen Tag in der Woche
nicht des Morgens früh aufstehen müssen,
sondern auferstehen dürfen,
schon hier, heute und jetzt
in eine Gegenwart
voller Hoffnung und Licht.

Sonntag

Ich nehme mir Zeit,
die Blume am Wegesrand
zu betrachten;
ich schaue sie an
ohne Hast
und ohne Eile.
Nichts treibt mich.
Ich kann es mir leisten,
beschaulich zu werden
nach außen,
nach innen:
Was will wohl in mir
wachsen,
Knospen treiben
und blühen?
Eins bin ich
mit der Welt
und mit mir.

Sonntagssegen

Segne, mein Gott,
diesen Tag,
dass sich meine Seele
erfrischen kann
und mein Herz
fröhlich wird.
Segne alle guten Gedanken,
die mich bewegen,
und alle Träume,
die mir aus der Tiefe
aufsteigen,
damit sie mir
durch ihre Farbigkeit helfen,
auch im grauen Alltag
innerlich gelöst
und bei mir selbst
zu sein.

Für unterwegs

Wenn dich die Ferne lockt
und das Abenteuer unbekannter Länder
in die Fremde aufbrechen lässt,
dann wünsche ich dir,
dass du all das Neue,
dem du unterwegs begegnest,
ganz in dich aufnehmen kannst,
dass es deine Seele weitet
und so zu einem Teil von dir selbst wird.

Bleibe behütet,
dass dir unterwegs
kein Unheil geschieht
und keine Krankheit deine Freude lähmt,
damit du,
bereichert durch all das Schöne,
das du erleben durftest,
erholt in deinen Alltag
zurückkehren kannst.

Wenn ich in der Ferne
an dich denke,
so möchte ich dir
über Wolken und Wind
einen guten Gedanken
herüberschicken,
einen Gedanken,
der dich von innen her erfrischt,
der dich wärmt
und deinen Rücken stärkt,
einen Gedanken,
der dich spüren lässt,
dass du in meiner Liebe
geborgen bist.

Am Ende der Ferien

Eine glückliche und erfüllte Zeit,
in der du die Freiheit deiner Ferien
voll auskosten durftest,
hat nun wieder einmal ihr Ende gefunden.

Ich wünsche dir,
dass du noch lange von der Erholung
an Leib und Seele zehren kannst,
wenn dich der Alltag
mit all seinen Anforderungen
wieder zu überrollen droht.
Schenke dir dann und wann
Augenblicke der Stille,
in denen du den sonnigen Stunden
in aller Ruhe nachträumen kannst.
Auch die Erinnerungen können dir
Kräfte zuwachsen lassen,
um dich dem täglichen Lebenskampf
wieder neu stellen zu können.

Das Jahr beenden und Weihnachten feiern

Die Tage werden jetzt kürzer
und die Dunkelheit
bricht schon früh über uns herein.
Das sind die Wochen,
in denen es gut tut,
sich am Abend in aller Stille
eine Kerze anzuzünden
und die Wochen des Advents
in freudiger Vorbereitung
und heiterer Erwartung
zu gestalten und zu verbringen.
Wie warm kann es einem
ums Herz werden,
wenn man an einen lieben Menschen
einen ganz persönlichen Brief schreibt
oder ein sorgsam ausgesuchtes
Geschenk schickt, das ihm zeigt:
»Ich habe dich gern!«

Gesegnet sei dein Advent

Ich wünsche dir eine ruhige Adventszeit,
Tage, in denen du zur Ruhe kommst,
dein Leben zu bedenken und dich zu besinnen auf das,
was dir im vergangenen Jahr geglückt,
aber auch das, was misslungen ist
und was du in Zukunft anders machen willst.

Ich wünsche dir eine frohe Adventszeit,
in der du Zeit findest, mit Muße und innerem Frieden
über deine Beziehungen nachzudenken,
um voller Bedacht und Liebe deine Geschenke auszuwählen
und die Wahl deiner Worte zu überlegen,
die du in Briefen und Karten verschickst.

Ich wünsche dir eine gesegnete Adventszeit,
in der du dich in deinen Gedanken und Gefühlen
behutsam einlassen kannst
auf die Botschaft von Versöhnung und Frieden
und sie in ersten Schritten
in deinem Leben umzusetzen vermagst.

Das erste Licht

Wir zünden heute
die erste Adventskerze an.
Die Dunkelheit hat jetzt
ihr Ende gefunden.
Alles um uns herum erscheint
– schemenhaft noch –
in neuem Licht.
Der erste Glanz
weihnachtlicher Fülle
lässt uns heute schon
leise erahnen,
dass in unserer Mitte
überraschend Neues
Gestalt gewinnt.
Wir haben vom Leben
noch etwas
zu erwarten.

Hast du dich schon einmal
in eine brennende Kerze
hineinversenkt,
in das Flackern und Leuchten des Lichtes?
Hast du schon einmal
die Wärme gespürt,
die ein Kerzenlicht ausstrahlt,
so dass es dir wohl wird
und du dich geborgen fühlst
und daheim?

Hast du schon einmal daran gedacht,
dass eine Kerze dir all das
– Licht, Wärme und Geborgenheit –
nur schenken kann,
indem sie sich selbst verzehrt?
Vielleicht macht dir das Mut,
wenn du selbst deine Kräfte
erschöpft hast
und dich nach dem Sinn
all der Mühsal fragst:
dass du anderen
zum Licht geworden bist,
Zeichen gesetzt
und neue Wege erleuchtet hast.

Deshalb wünsche ich dir,
dass du Licht bist,
dass du Licht bleibst
und Licht erfährst
in deinen eigenen Dunkelheiten.

Mache dich auf

Mache dich auf den Weg
und suche das Licht,
das tief in deiner Seele
unter vielen Traurigkeiten
fast erloschen ist.

Mache dich auf den Weg
und grabe die Hoffnung aus,
die tief in deiner Seele
unter tausend Ängsten
ganz verschüttet ist.

Mache dich auf den Weg
und lass die Lebenskräfte frei,
die tief in deiner Seele
durch erlittene Schmerzen
ganz gefesselt sind.

Mache dich auf den Weg
und finde wieder heim
zu dir selbst.
Und du wirst wieder
leuchten
und hoffen
und leben.

Weihnachtstraum

Träume dich hinein
in die Nacht,
in der die Sterne
die Dunkelheit erleuchten
und ein stilles Glänzen
den Himmel deiner Seele durchwebt.

Träume dich hinein
in das Wunder neuen Lebens,
das, durch dich gezeugt
und in dir empfangen,
in den anbrechenden Tag hinein
geboren werden will.

Träume dich hinein
in neue Hoffnungsblumen,
schmerzfrei,
liebevoll,
und du wirst Mut pflanzen
in die Gärten der Trostlosen,
so dass die Tränen der Nacht
vom Lächeln der Morgenfreude
getrocknet werden.

Stern-Zeichen

Stern-Zeichen,
Leuchtspur
in der Nacht,
dass Hoffnungsschimmer
leise glänzen,
wo alle Wege einst
verfinstert waren.
Weihnachts-Stern,
Zeichen,
dass auch deine Seele,
von einem Lichtstrahl
zart berührt,
heut' um das große Wunder
von versöhntem Leben weiß.

Frieden

Möge das Geheimnis
von Weihnachten
unsere Herzen
mit dem Funken der Liebe
entzünden;
möge es unsere Seele erhellen
und unsere kleine Kraft
stärken,
damit wir Hass und Streit
überwinden
und zu Boten des
Friedens werden.

Am Ende eines Jahres

Wenn du am Ende eines Jahres
zurückschaust auf vergangene Zeiten,
so werden in dir noch einmal
die Bilder aufsteigen von dem,
was dir besonders gelungen,
was dich aufs Höchste beglückt,
aber auch, was dich tief verletzt,
dir Schmerzen bereitet
und dich Tränen gekostet hat.

Ich wünsche dir,
dass du erfahren mögest,
dass alles, woran du gelitten hast,
nicht vergeblich gewesen ist,
und dass dir Kräfte zuwachsen,
deine Begabungen zu entfalten
und die Beziehungen zu Menschen,
die deinem Herzen nahe stehen,
heilvoll und fruchtbar zu gestalten.

Ich wünsche dir,
dass das kommende Jahr
für dich ein gesegnetes Jahr wird,
in dem dein sehnlichster Wunsch
sich erfüllt.

Gute Worte für das Leben

Ein Dach über dem Kopf,
ein warmes Bett für die Nacht
und die tiefe Gewissheit,
dass einer über dir wacht.
Brot und Wein auf dem Tisch,
mit Freunden geteilt,
ein Mensch, der von Zeit zu Zeit
bei dir verweilt.
Manchmal ein gutes Wort,
das dich ermutigt und trägt
und dich zu Versöhnung
und Frieden bewegt,
und eine Hand in der deinen,
die dich hält. –
Was brauchst du mehr auf der Welt?

Glück und Segen wünschen

Gesegnet die Stunde, in der du geboren bist,
und jeder Atemzug, der dich belebt,
gesegnet deine Hoffnung und dein Glaube,
der dich zum Leben hin bewegt.

Gesegnet die Mühsal deines Tages
und die Ruhe deiner Nacht,
gesegnet die Stunden der Verzweiflung,
die ein Freund mit dir durchwacht.

Gesegnet die Zeichen deiner Freundlichkeit
und jedes Wort von dir, das vergibt,
gesegnet jede Geste deiner Zärtlichkeit
und jeder Mensch, den dein Herz liebt.

Gesegnet der Jubel deiner Freude
und das Glück, das dich still berührt,
gesegnet jede Hand, die dich
durch Dunkelheiten in lichte Zukunft führt.

Gesegnet jeder Tag und jede Stunde,
in der du behütet bist,
gesegnet jeder Augenblick, in dem
ein Mensch durch dich gesegnet ist.

Zu einer Geburt

Möge diesem kleinen Kind
auf allen Wegen seines Lebens
ein Engel zur Seite stehen,
um es zu behüten
und vor Gewalt, Missbrauch
und jeglichen Verkrümmungen
seiner zarten Seele
stets zu bewahren.

Möge es aufwachsen
in der Obhut von Liebe
und vertrauensvoller Wärme.
Mögen ihm Menschen entgegenkommen,
die den Impulsen seines Herzens
mit Verständnis begegnen
und seine Schritte auf den Weg
des Friedens lenken.

Gott,
Schöpferin und Erhalterin
allen Lebens,

segne dich
auf deinem Weg ins Leben
und behüte dich,
bei allem, was du riskierst
und auszuprobieren wagst.

Gott lasse sein Angesicht leuchten über dir,
dass sich dir in allen Unsicherheiten
immer wieder eine Hand entgegenstreckt,
die dich hält,

und sei dir gnädig,
dass dich auch deine Verfehlungen
und Irrwege ans Ziel bringen.

Gott erhebe sein Angesicht auf dich,
dass dir vieles von dem, was du dir vornimmst,
gelingen möge,

und gebe dir Frieden,
dass dein Leben glücklich wird
und sich erfüllt.

Mit jedem Schritt, den du tust,
und in jeder Begegnung,
die dir geschenkt wird,
hinterlässt du Spuren.
Keine deiner Entscheidungen,
keines deiner Worte,
keine deiner Gesten
kann je ungeschehen gemacht werden.

Ich wünsche dir,
dass du Spuren der Freude hinterlässt
und des Glücks,
Spuren der Hoffnung und der Liebe,
Spuren der Gerechtigkeit und des Friedens
und dass du da,
wo du anderen weh getan hast,
Vergebung erfährst.

Behutsam,
tastend noch,
die geträumte Vielgestaltigkeit
in dir erahnen,
um sie dem
Licht
der Erkenntnis
begreifbar zu machen.

Ich wünsche dir Augen,
mit denen du einem Menschen
ins Herz schauen kannst
und die nicht blind werden
aufmerksam zu sein auf das,
was er von dir braucht.

Ich wünsche dir Ohren,
mit denen du auch die Zwischentöne
wahrnehmen kannst
und die nicht taub werden
beim Horchen auf das,
was das Glück und die Not
des anderen ist.

Ich wünsche dir einen Mund,
der das Unrecht beim Namen nennt
und der nicht verlegen ist
um ein Wort des Trostes und der Liebe
zur rechten Zeit.

Ich wünsche dir Hände,
mit denen du zärtlich liebkosen
und Versöhnung bekräftigen kannst
und die nicht festhalten,
was du in Fülle hast
und teilen kannst.

Ich wünsche dir Füße,
die dich auf den Weg bringen
zu dem, was wichtig ist,
und die nicht stehenbleiben
vor den Schritten,
die entscheidend sind.

Ich wünsche dir Rückgrat,
mit dem du aufrecht
und aufrichtig leben kannst
und das sich nicht beugt
vor Unterdrückung,
Willkür und Macht.

Ich wünsche dir ein Herz,
in dem viele Menschen zu Hause sind
und das nicht müde wird,
Liebe zu üben
und Schuld zu verzeihen.

Ich wünsche dir einen Freund,
der Zeit für dich hat
und zu dir hält,
auch wenn du die Hoffnung verloren hast,
der zu seinem Wort steht
und dich nicht fallen lässt,
wenn du ihn brauchst.

Ich wünsche dir einen Freund,
der dir wirklich zuhört
und deine Gedanken und Gefühle
akzeptieren kann,
ohne dich mit Ratschlägen zu überschütten;
der aber auch wahrhaftig und fähig ist,
dir Kritik so zu sagen, dass sie nicht verletzt,
sondern dir weiterhilft.

Ich wünsche dir einen Freund,
der nicht neidisch ist auf das,
was dir im Leben gelingt,
sondern sich mit dir freuen
und dein Glück mit dir teilen kann;
der dich mit deinen Misserfolgen nicht
im Stich lässt
und sich nicht zurückzieht vor dem,
was schwierig und unbequem an dir ist.

Ich wünsche dir einen Freund,
der gern mit dir zusammen ist
und deine Nähe teilen mag,
der aber auch deine Grenzen achtet
und das richtige Maß an Distanz wahren kann.

Ich wünsche dir einen Freund,
der dich nicht ausnutzt,
sondern dich bereichert,
indem er noch Ungelebtes in dir
zum Leben erweckt.

Ich wünsche dir, dass auch du
anderen ein solcher Freund sein kannst.

Möge dich ein Engel
auf deinen Wegen behüten
und dich vor allem Dunklen bewahren.
Möge er deine Sorge tragen helfen
und dein Leben von innen her
erwärmen und erleuchten
und dir die Gewissheit schenken,
dass es gut ist, dass es dich gibt.
Wenn du ihn spürst,
ist es vielleicht
ein Gedanke der Liebe
von mir.

Wunschzettel für die Partnerschaft

Ich wünsche euch:
dass ihr euch aneinander freut
und miteinander viel Freude habt –

dass ihr euere Wünsche verwirklichen könnt
und euch gemeinsam immer wieder
neu Ziele setzt –

dass ihr schwere Zeiten miteinander durchsteht
und euere Beziehung sich dadurch immer wieder
verwandelt und erneuert –

dass ihr bei Uneinigkeit oder Streit
immer wieder zueinander findet
und einander vergeben könnt,
wenn ihr euch gegenseitig weh getan habt –

Dass ihr euch stets einander anvertrauen könnt,
so dass sich einer beim anderen geborgen
und zu Hause fühlen kann –

dass ihr offen bleibt
für euere Freundinnen und Freunde
und Begegnungen mit anderen Menschen
als Bereicherung für euere Beziehung erfahrt –

dass ihr gegenseitig in euch
immer wieder neue Kräfte weckt
und Neues aus euch herauslieben könnt –

dass ihr immer wieder eins seid
mit Leib und Seele
und jeder sich in der Hingabe an den anderen
selbst finden kann.

Als ich dir
begegnet bin,
verwandelte sich
meine Dunkelheit
in Licht,
meine Zaghaftigkeit
in Mut
und meine Angst
in Zuversicht.
Durch dich
fand ich
zu meiner Mitte,
aus der heraus ich
lebendig sein kann.

Trösten und ermutigen

Worte
können in der Tiefe verletzen,
können alte Wunden aufreißen
und neue schaffen,
können sprachlos machen.

Worte
können Vertrauen zerstören,
können Hoffnung vernichten
und Liebe töten.

Worte
können Halt geben,
können Mut machen
und neue Wege eröffnen.

Worte
können Brücken schlagen,
können Versöhnung stiften
und zerstörtes Leben
wieder heilen lassen.

Wir besitzen so viel und kaufen uns
die schönsten und kostbarsten Dinge,
und dennoch bleibt unsere Seele dabei
oft einsam und leer.

Wie tief wurzelt in uns demgegenüber
die Sehnsucht nach einem Gedanken
des Trostes und der Anerkennung,
der Ermutigung und der Zuneigung.
Manchmal genügt ein einziges gutes Wort,
um uns neu aufleben zu lassen
und uns die Tür zur Hoffnung
und zu einer erfüllenden Zukunft
wieder neu zu erschließen.

Versäume nicht, das Glück
mit beiden Händen zu ergreifen,
zu lieben, wenn es dir
im Herzen brennt;
Freundschaften zu genießen,
wenn sie dir geschenkt werden,
Tränen fließen zu lassen,
um der Trauer
und dem Schmerz des Abschieds
Raum und Zeit zu geben.
Versäume nicht zu leben,
solange du kannst.

Hat dir schon einmal
ein Mensch gesagt,
dass du schön bist,
dass sich tief in deiner Seele
eine innere Schönheit verbirgt,
dass du durch dein Lachen
einen Menschen froh machen
und dich durch den Ernst
deines Schweigens
ganz auf einen anderen
einstimmen kannst?
Ahnst du eigentlich,
wie viele Möglichkeiten,
welch kostbare Begabungen
noch in dir schlummern,
die im Laufe deines Lebens
von dir betreut werden wollen,
um dich zu der Vollendung
deiner einmaligen Schönheit hin
wachsen und reifen
zu lassen?

Ich wünsche dir,
dass du dir ein Gespür bewahrst
für die leisen Töne des Lebens
und im Umgang mit den Menschen
zart sein kannst und genau,
offen für ihre Not
und sensibel für das, was sie brauchen.

Ich wünsche dir,
dass immer dann ein Mensch für dich da ist,
wenn du dich selbst nach Hilfe,
Verständnis und Nähe sehnst,
dass du dich aufgehoben
und geborgen weißt
in Freundschaft und Liebe.

Ich wünsche dir,
dass dir auch aus dem, was du an dir
als Versagen erlebst
und was dich an Schmerzen und Schuld
niederdrückt,
heilvolle Kräfte erwachsen,
dass du eines Tages spürst,
nicht vergeblich gelitten zu haben,
sondern dass dir auch in dem Dunklen
in deinem Leben
letzthin ein Sinn aufleuchtet
und du durch alle Tiefen
und Abgründe hindurch
weitergeführt wirst
zu deiner eigenen Ganzheit hin.

Weg-Worte

Ich wünsche dir,
dass du dich nicht vom Lärm der Welt betäuben
oder von Stimmungen beeinflussen lässt,
sondern die Worte heraushörst,
die dir gut tun
und die leise nachtönen in dir.

Ich wünsche dir,
dass du in deinem Inneren
die Stimme erlauschst,
die dich aufhorchen und wahrnehmen lässt,
was heute deine Worte
und deinen Weg bestimmen will,
damit du im Einklang leben kannst
mit der Welt
und mit dir.

Zu einem Jubiläum

Über so viele Jahre hin
hast du tagtäglich
dein Bestes gegeben.
Enttäuschungen und Streit,
Frustration und
innere Müdigkeit
blieben dir auf diesem Wege
oft nicht erspart.
Heute aber darfst du dich
auf deinen Lorbeeren
endlich einmal ausruhen
und dein Jubiläum
von ganzem Herzen feiern:
Denke daran, wie viel dir
im Laufe der oft auch
so mühsamen Jahre
an Gutem und Schönem
immer wieder geglückt
und gelungen ist.

Ich wünsche dir,
dass du nicht haderst mit dem,
was dir versagt blieb in deinem Leben,
dass dich nicht Neid und Missgunst zerfressen,
sondern dass du mit heiterem Herzen
Ja sagen kannst zu dem, was dir geschenkt wurde
und was dir aus eigener Kraft gelang.
Ich wünsche dir,
dass Frieden deine Seele durchströmt.

Ich wünsche dir,
dass du nicht in Hass und Streit zerfallen bist
mit Nachbarn und Freunden
und dass du deine Feinde nicht
mit bösen Gedanken und Taten verfolgst,
sondern mit liebendem Herzen
Missverständnisse aus dem Weg räumen,
Versöhnung stiften
und neue Begegnung ermöglichen kannst.
Ich wünsche dir,
dass du in Frieden mit anderen Menschen lebst.

Ich wünsche dir,
dass du nicht nur um dich selbst besorgt bist
und nicht nur nach dem eigenen Glück verlangst,
sondern dich mit offenem Herzen berühren lässt
von der vielfachen Not in der Welt
und Kräfte freisetzen kannst,
Leid zu verringern und Schmerzen zu heilen.
Ich wünsche dir,
dass durch dich Frieden in die Welt kommt.

Hindurch

Auch die Zeit der Wüste,
das Leiden am Mangel
und das Gefühl der Trostlosigkeit
haben ihren Sinn.
Der Weg führt durch die Wüste hindurch
in neues Land,
wo jeder satt wird
in seinem Lebenshunger
und jede Sehnsucht
gestillt wird.
Auch du
bist auf dem Weg
dorthin.

Zur Geburt eines behinderten Kindes

Wir haben uns
so sehr auf dich gefreut.
Wir hatten so viel Hoffnung
und so viele Träume,
wie wir dir diese Welt
an unserer Seite
eröffnen und erschließen könnten.
Jetzt stehen wir
ganz still vor dir
und weinen darüber,
dass du niemals mit einem gesunden Geist
die Schönheit dieses Lebens
wirst erfassen können.
Wir brauchen jetzt ganz große Kraft,
damit wir unseren Gedanken
nun eine neue Richtung geben können,
damit wir dich, du, unser Kind,
von Tag zu Tag so lieben lernen,
wie du in deinem Anderssein
für uns geboren
und geworden bist.

Gottes Nähe spüren

Ich war bedrückt und hoffnungslos,
doch du hast mir Trost geschenkt.

Ich war innerlich zerfressen von Angst,
doch du hast mir wieder Mut gemacht.

Ich wusste nicht mehr,
wie es weitergehen sollte mit mir,
doch du hast mir neue Wege gezeigt.

Mir war das Lachen abhanden gekommen,
doch dein Lächeln hat mich wieder mit Freude erfüllt.

Ich fühlte mich elend, hilflos und schwach,
doch du hast mich wieder aufgerichtet.

Ich fühlte mich innerlich leblos und tot,
doch deine Liebe hat mich wieder zum Leben erweckt.

Ich hatte meinen Glauben verloren,
doch in der Begegnung mit dir habe ich
Gottes Nähe gespürt.

Komm und nimm meine Hand

Die tiefe Wunde,
die der Tod in dein Herz
gebrannt hat,
kann ich nicht heilen.
Aber ich will
bei dir bleiben
und die Verzweiflung
mit dir herausschreien,
bis es wieder still wird
in dir.

Ich will in den
schlaflosen Nächten
bei dir wachen
und deinem Klagen
Raum geben,
bis du eines Tages
wieder zur Ruhe kommst.

Ich will dir den
Rücken stärken,
bis du selbst wieder
stark geworden bist.
Komm und nimm
meine Hand.

Du bist in deiner Trauer
ganz verschlossen
und in deiner Dunkelheit
ganz bitter geworden.
Einsamkeit umfängt dich
wie ein Grab.
Lass mich still
deine Hand nehmen,
lass dich von einem der
guten Gedanken berühren,
die mich für dich bewegen:
Du trägst das Licht in dir,
das dich eines Tages
wieder Sinn erfahren lässt.

Behutsam will ich meine Hand
auf deine Wunden legen
und dich trösten,
wie nur ein Engel trösten kann.
Könnte doch meine stille Gegenwart
ein wenig heilen lassen von dem,
was dir auf der Seele liegt,
damit du dich in meiner Liebe
zu Hause und geborgen weißt.

Wenn du einen Menschen verlierst,
den du geliebt hast,
dann stirbt ein Stück
deines Lebens mit ihm.
Aber wenn du dir
etwas von dem bewahrt hast,
das sich dir durch ihn
an innerem Reichtum
erschlossen hat,
wird er in dir gegenwärtig
und durch dich hindurch
auch in Zukunft lebendig sein.

Das Glück von gestern
ist nicht für alle Zeit
verloren.
Der Tod kann
nur die äußere Gestalt
zerstören,
doch das Wesentliche bleibt,
lacht und weint
und träumt
in dir.

Bei den Toten kannst du
auf Dauer nicht wohnen,
solange du lebst,
denn da, wo du Vergangenes
festhalten willst,
stirbt allmählich ein Stück von dir selbst.
Bewahre dir deine Erinnerungen
an das gelebte Glück
und wage dich auf den weiten Weg
des Abschiednehmens.
Heimat findest du nicht
im verlorenen Gestern
sondern da,
wo du heute liebst.

Loslassen und neu anfangen

Das Loslassen
von unerfüllbaren Träumen
und das Freigeben von Menschen,
an denen dein Herz hängt,
ist wohl das Schwerste,
was es im Leben gibt.

Aber so, wie du nicht nur einatmen
und die Luft in dir behalten kannst,
sondern sie wieder ausatmen,
gleichsam freigeben musst,
um leben zu können,
so kannst du dich neuen Begegnungen
nur öffnen,
wenn du die Hoffnungen aufgeben kannst,
die sich verbraucht haben.

Denn alles hat seine Zeit:
einatmen und ausatmen,
halten und hergeben,
binden und lösen,
Abschied nehmen und neu beginnen.

Abschied
nehmen können
von dem,
was gestern
dein Leben
mit Glück erfüllt
und mit Hoffnung
beseelt hat.

Die Trauer
aushalten
über die Enttäuschungen,
die du erlitten,
und die Chancen,
die du vertan hast.

Geduldig sein
mit dir selbst,
um Neues
wachsen zu lassen.

Loslassen lernen

Dieses Kind
ist euch anvertraut,
aber es gehört euch nicht wie ein Besitzstück,
über das ihr ein Leben lang verfügen könnt.
Behütet euer Kind
vor den alltäglichen Gefahren,
solange es darauf angewiesen ist.
Begleitet es auf seinem Weg ins Leben,
solange es diese Begleitung braucht,
fördert seine Begabungen
und helft ihm, sich mit sich selbst
und in der Welt zurechtzufinden,
damit es eines Tages
seine eigenen Wege gehen
und für sich selbst
die Verantwortung übernehmen kann.
In mancher Hinsicht
wird sich euer Kind anders entwickeln,
als ihr es euch wünscht,
und andere Richtungen einschlagen,
als ihr sie euch erträumt habt.
Aber es ist eure Aufgabe,
es freizugeben
und in sein eigenes Leben zu entlassen,
wenn die Zeit dazu gekommen ist.

Nähe und Distanz

Manchmal,
so scheint es mir,
müssen wir uns
gegenseitig weh tun,
um wieder Abstand
zueinander zu gewinnen.

Lass uns aber nicht
den richtigen Zeitpunkt
versäumen,
wieder neu
aufeinander zuzugehen,
um einander wieder
zu berühren.

Wenn wir uns im
Spiel der Zärtlichkeit
verlieren,
können wir uns vielleicht
wieder finden.

Die Zeit mit dir
war schön.
Wie viele Jahre haben wir zwei
Hand in Hand
durchschritten.

Nicht jeder Weg
war leicht,
nicht jeder Tag
war sonnig;
so manche Nacht
voll Schmerz und Schuld,
und Einsamkeit blieb uns
auf unserer Reise
nicht erspart.

Und doch brach
– wie ein Wunder manchmal –
immer wieder
ein neuer Morgen
für uns an,
der uns der Zukunft
getrost
entgegengehen ließ.

Die Zeit mit dir
war schön –
sie war mein Leben.

Dein Leben
ist ein ständiges Abschiednehmen:
Träume gehen verloren,
Freundschaften zerbrechen,
sinnstiftende Erfahrungen von gestern
wollen heute nicht mehr tragen,
und einst gelebte Nähe
löst sich auf zu Einsamkeit.
Manchmal ersticken die Tränen der Trauer
jeden Funken Lebensfreude,
und du glaubst dich in deinem Ungetröstetsein
auf immer von Leben und Liebe getrennt.

Möge dir in solch dunklen Zeiten
ein Stern aufleuchten
und dir ein Zeichen sein,
dass auch für dich
am Rande des Horizonts
das Licht eines neuen Morgens
aufleuchten wird,
wo die verloren geglaubten Kräfte
sich wieder sammeln
und zu neuer Hoffnung erwachen,
wo erste Schritte – zaghaft noch –
der Zukunft wieder Raum verheißen
und sich dein Leben langsam wieder
zu erhellen und zu erwärmen beginnt.

So vieles, denkst du, ist schief gegangen
in deinem Leben.
Du hast falsche Entscheidungen getroffen,
Menschen haben dich verletzt
und im Stich gelassen,
Träume zerrannen,
und deine Schritte wissen
weder Weg noch Ziel.

Ich wünsche dir,
dass plötzlich das Unerwartete
über dich hereinbricht,
dass dir ein Stern vom Himmel fällt
und das Wunder geschieht,
dass Unmögliches möglich wird
und sich dein Lebenstraum erfüllt.

Fehler machen dürfen
und sich seine Irrtümer eingestehen,
fünf gerade sein lassen
und die Welt zum Narren halten können,
Trauer durchstehen
und sich dadurch verwandeln lassen,
den Augenblick auskosten,
auch den bitteren,
und der Zukunft dann wieder
getrost entgegensehen,
Enttäuschungen ertragen
und doch die Hoffnung bewahren,
allein sein können
und sich neuen Beziehungen öffnen,
Abschied nehmen können,
um sich der Liebe wieder neu hinzugeben,
Umwege gehen
und trotzdem
– oder gerade dadurch –
ans Ziel kommen
und eines Tages sagen können:
ich habe gelebt.

Zum Übergang in den Ruhestand

Ich wünsche dir,
dass du voller Dankbarkeit
zurückblicken kannst
auf die vergangenen Jahre,
in denen du deine beruflichen Verpflichtungen
gewissenhaft und treu erfüllt hast,
Woche um Woche,
Tag für Tag.

Ich wünsche dir,
dass du voller Freude
nach vorn sehen kannst
auf die kommenden Jahre
und auf die Freiheit, die sich dir öffnet,
damit du sie genussvoll füllen kannst,
Woche um Woche,
Tag für Tag.

Die Jahre deiner beruflichen Tätigkeit
waren eine lange und reiche Zeit,
voller Segen in dem, was du getan
und für andere dadurch immer wieder
an Gutem bewirkt hast.

Ich wünsche dir,
dass du den Schritt über die Schwelle
von der Arbeitswelt in den Ruhestand
mit Freude und Gelassenheit gehen,
verkraften und vielleicht sogar genießen kannst
und dass dir auch die Zukunft stets,
mit allem, was sie dir verspricht,
von Tag zu Tag gesegnet ist.

Heute
einen neuen Anfang wagen.
Die Schwelle der Scham überwinden
und die lange verschwiegene Wahrheit
endlich offen aussprechen.
Ungeklärtes ans Licht bringen,
um ihm die erdrückende Macht zu nehmen.
Die eigene Schuld beim Namen nennen
und dafür einstehen.
Stark genug sein,
um Vergebung bitten zu können,
bevor es
zu spät ist.

Steh auf,
packe es an.
Nimm dein Leben
in die eigenen Hände.
Wende
das scheinbar
unvermeidbare Geschick
mit allen Kräften, die du hast,
hin zu
deinem Glück.

Ich will dir Freundin sein,
deine Angst mit dir teilen
und dir Weggefährtin bleiben,
auch auf den unwegsamen Strecken
deines Lebens.
Die Scherbenhaufen vergangener Tage
will ich mit dir gemeinsam
zusammenkehren,
damit die Wunden,
die sie hinterlassen haben,
endlich heilen können
und du getrost
in eine andere Richtung blicken kannst
und Zukunft neu
zu träumen wagst.
Deine Hoffnungen will ich nähren,
so wie man Blumen pflegt,
bis sie zu der ihr eigenen
Schönheit heranwachsen
und blühen können.
In den Strudel deiner Freude
möchte ich mich hineinziehen lassen
und das Leben mit dir feiern
und die Treue, die uns bindet,
dich und mich:
Hand in Hand.

Wo kann ich dich finden?

Du möchtest aufbrechen
und bleibst im Alten verhaften.

Du erwartest Gemeinschaft
und ziehst dich zurück.

Du willst verstanden werden
und verschließt dich immer mehr.

Du suchst Vertrauen
und traust keinem über den Weg.

Du sehnst dich nach Liebe
und schlägst verzweifelt um dich.

Ich möchte mit dir reden,
aber ich weiß nicht, wie ich anfangen soll.

Ich will dich in die Arme nehmen,
aber ich fürchte, du weist mich zurück.

Ich möchte zu dir kommen,
aber ich habe keine Ahnung, wo ich dich finde.

Ich sehne mich nach deiner Nähe,
aber ich wage nicht, dir zu begegnen.

Ich wünsche mir deine Freundschaft,
doch Abgründe an Missverständnissen liegen zwischen uns.

Können wir uns nicht
miteinander
ganz behutsam,
Schritt für Schritt
an einen Weg herantasten,
der uns einander
wieder neu
begegnen lässt?

Aufbruch

Aufbrechen
heißt vielleicht nicht einmal in erster Linie:
sich auf den Weg machen.
Aufbrechen meint zunächst einmal:
die innere Schale, die Maske,
die du dir zum Schutz vor den anderen
zugelegt hast, aufzubrechen,
dich zu öffnen für neue Gedanken,
neue Erfahrungen, neue Begegnungen.
Aufbrechen heißt also:
sich bereitzuhalten für das Wunder.
Wo immer solches geschieht,
da bist du schon mitten auf dem Weg.

Steh auf

Steh auf
aus deinen Sorgen
und gib dich frei
für neue Erfahrungen!

Steh auf
aus deinen Ängsten
und verlasse dich
auf die starken Kräfte in dir!

Steh auf
aus den Schmerzen der Vergangenheit
und lass dich ein auf das,
was dir heute begegnet!

Steh auf
aus der Enge deiner Befangenheit
und öffne in dir
neue Räume!

Steh auf
aus deinen Lähmungen
und lass dich bewegen
von Strömen der Lebendigkeit!

Steh auf
aus der Erstarrung des Todes
und lass dich durchwärmen
vom Licht einer neuen Zeit!

Quellennachweis

Seite 6, 9f, 29, 35, 47, 48, 50, 52, 81, 82, 83, 92f, 94: © bei der Autorin.

Seite 10 »Dem Dunklen in dir« und Seite 38 »Abstand gewinnen«, aus: Christa Spilling-Nöker/Paul Rustemeyer/Tassilo Deyer, Kraft der Seele. Der verborgene Zauber der schwarzen Turmaline © Verlag Herder GmbH, Freiburg i. B. 2001. Abdruck mit freundlicher Genehmigung des Verlags.

Alle übrigen Texte: © Verlag am Eschbach.

Inhalt

Gute Worte für den Tag — 5

Den Tag annehmen — 6
Den Tag bestehen — 14
Den Tag beenden — 22

Gute Worte für das Jahr — 29

In den Jahreszeiten leben — 30
Freie Zeit genießen — 38
Das Jahr beenden und Weihnachten feiern — 46

Gute Worte für das Leben — 55

Glück und Segen wünschen — 56
Trösten und ermutigen — 66
Loslassen und neu anfangen — 80